BONS LIVRES

provenant de la

BIBLIOTHÈQUE

de Feu Monsieur François Flameng

Artiste Peintre

Membre de l'Institut

Vente à Paris, HOTEL DROUOT, Salle N° 9

Le Jeudi 16 Janvier 1930, à 2 heures 1/4.

Bibliothèque François Flameng. — A la salle 9, jeudi, M* Le Ricque et M. Jacquenet procédaient à la vente de bons livres provenant de la bibliothèque de feu M. François Flameng, artiste peintre.

Comme principaux prix, notons :

40. Marcel Guérin. « Forain aquafortiste », 1912, avec envoi autographe de Forain : 1.500 fr. — 47. De Nolhac. « Fragonard », édition Manzi : 750 fr. — 48. De Nolhac. « Nattier », édition Manzi : 780 fr. — 82. Guiffrey et Pierre Marcel. « Inventaire général des dessins des musées du Louvre et de Versailles » : 900 fr. — 106. Sonnets et eaux-fortes, édition Lemerre 1869, sur hollande, in-folio, 42 eaux-fortes : 1.620 fr.

Voici la liste de tous les prix :

1.	65	2.	45	3.	50	4.	26
5.	37	6.	18	7.	90	8.	60
9.	90	10.	50	11.	60	12.	145
13.	35	14.	280	15.	30	16.	37
17.	47	18.	350	19.	230	20.	85
21.	100	22.	115	23.	250	24.	340
25.	45	26.	50	27.	75	28.	50
29.	50	30.	60	31.	40	32.	210
33.	28	34.	42	35.	350	36.	400
37.	205	38.	40	39.	37	40.	1.500
41.	100	42.	32	43.	32	44.	210
45.	405	46.	250	47.	750	48.	780
49.	52	50.	50	51.	25	52.	650
53.	36	54.	260	55.	400	56.	480
57.	380	58.	210	59.	25	60.	260
61.	47	62.	90	63.	95	64.	160
65.	105	66.	200	67.	440	68.	65
69.	370	70.	75	71.	70	72.	350
73.	140	74.	70	75.	225	76.	125
77.	47	78.	20	79.	70	80.	280
81.	75	82.	900	83.	110	84.	60
85.	45	86.	80	87.	32	88.	280
89.	310	90.	25	91.	15	92.	15
93.	35	94.	380	95.	250	96.	255
97.	115	08.	78	99.	42	100.	45
101.	360	102.	170	103.	365	104.	100
105.	95	106.	1.620	107.	18		

Gazette de l'Hôtel Drouot, 18 janvier 1930 —

CATALOGUE

DES

BONS LIVRES

RELATIFS AUX BEAUX-ARTS

OUVRAGES SUR LES ARTISTES FRANÇAIS ET ÉTRANGERS

Livres illustrés du XIXᵉ siècle

SONNETS ET EAUX-FORTES

Lemerre, 1869. In-folio.

LITTÉRATURE — MÉMOIRES — HISTOIRE

Documents divers

PROVENANT DE LA BIBLIOTHÈQUE DE

Feu Monsieur FRANÇOIS FLAMENG, *Artiste-Peintre*

MEMBRE DE L'INSTITUT

VENTE AUX ENCHÈRES PUBLIQUES

à Paris, HOTEL DROUOT, Salle nº 9

Le Jeudi 16 Janvier 1930, à 2 h. 1/4

COMMISSAIRE-PRISEUR   EXPERT

Mᵉ Albert LE RICQUE   **M. Louis JACQUENET**

LIBRAIRE

51, rue du Rocher, 51   135, r. d'Alésia. | R. de l'Odéon, 10

PARIS (9ᵉ)   PARIS (14ᵉ)   PARIS (6ᵉ)

Téléph. Laborde 18.75   Tél. Vaugirard 09.46 | Téléph. Littré 27.09

CONDITIONS DE LA VENTE

La vente se fait au comptant.

Les acquéreurs paieront *19,50 pour cent* en sus des enchères pour les ouvrages dont le prix d'adjudication sera supérieur à 500 francs le volume, et *14,00 pour cent* pour ceux qui n'atteindront pas ce prix.

Les livres vendus devront être collationnés dans les vingt-quatre heures de l'adjudication. Passé ce délai, ils ne seront repris pour aucune cause.

Les livres en lots sont vendus sans garantie.

M. Louis Jacquenet se réserve la faculté, dans l'intérêt de la vente, de réunir ou de diviser les numéros du catalogue. Il remplira, aux conditions d'usage, les commissions qu'on voudra bien lui confier.

EXPOSITION

Les livres pourront être examinés à la Salle d'exposition de la Librairie **LOUIS JACQUENET, 10, rue de l'Odéon,** Paris, 6ᵉ (Téléphone : Littré 27-09), du Lundi 6 janvier au Mardi 14 janvier inclus, de 10 heures à midi, et de 2 heures à 6 heures sauf le dimanche.

98.486. — Imprimerie Lahure, 9, rue de Fleurus, à Paris. — 1929

HISTOIRE

1. **Commynes (Philippe de)**. Mémoires. Nouvelle édition
revue sur un manuscrit ayant appartenu à Diane de Poitiers
et à la famille de Montmorency-Luxembourg, par R. Chante-
lauze. *Paris, Didot*, 1881; demi-chag. rouge à coins, dos
orné, filets de mors et de coins, tête dorée, non rog. (*éraflure
à un coin*).

> Édition illustrée d'après les manuscrits originaux, de quater
> lithographies et de nombreuses gravures sur bois.

2. **Dayot (Armand)**. L'image de la femme. *Paris, Hachette*,
1899; in-4, demi-toile grise à coins non rog.

> Ouvrage orné de 20 planches hors texte en héliogravure à nom-
> breuses reproductions dans le texte. Traces d'humidité à quelques
> feuillets des tables.

3. **Goyau (Georges). André Pératé, Paul Fabre**. Le
Vatican. Les papes et la civilisation. Le gouvernement central
de l'Église, Introduction, par S. E. le Cardinal Bourret. Épi-
logue, par M. le Vicomte E. Melchior de Vogué. *Paris, Didot*,
1895; in-4, pl. chagrin gaufré Lavall. avec semis de mitres à
froid sur les plats et le dos, tr. dorées.

> Ouvrage illustré de 13 planches hors texte, dont 2 gravures au
> burin et 4 planches en couleurs et 473 gravures dans le texte.
> Légère éraflure au bas d'un plat de la reliure.

4. **Guerre (La)**. La Guerre racontée par l'image d'après les
sculpteurs, les graveurs et les peintres. *Paris, Hachette*, 1905;
demi-chag. rouge à tête or, non rog.

> Ouvrage orné de 20 planches hors texte en héliogravure et d'un
> grand nombre de reproductions dans le texte.

5. **Joinville (Jean, Sire de)**. Histoire de saint Louis, credo
et lettre à Louis X. Texte original, accompagné d'une traduction par M. Natalis de Wailly. *Paris, Didot*, 1874; demi-
maroq. rouge à coins, dos orné, filets de mors et de coins,
tête or, non rog.

> Ouvrage orné de 6 planches hors texte, 3 cartes et de repro-
> ductions dans le texte.

6. **Kurth (Godefroid)**. Clovis. *Tours, Mame,* 1896; in-4, demi-toile bradel brune, tête jasp., non rog. couv. et dos cons.

> Ouvrage orné de 8 planches hors texte gravées et d'un grand nombre d'illustrations dans le texte.

7. **Lacroix (Paul)**. Dix-huitième siècle. Institutions, usages et costumes. France, 1700-1789, 5e édition. *Paris, Didot,* 1878; 21 pl. en couleurs et 350 gravures sur bois, 1 vol. — Dix-huitième siècle. Lettres, Sciences et Arts, 2e édition. *Paris, Didot,* 1878; 16 pl. en couleurs, 250 grav. sur bois, 1 vol. Ensemble 2 vol. in-8, demi-chag. rouge à coins, dos ornés, filets de mors et de plats, têtes or, non rog. (coins fatigués).

8. **Lacroix (Paul)**. Dix-septième siècle. Institutions, Usages et Costumes. France, 1590-1700; 2e édition. *Paris, Didot,* 1880; 16 pl. en couleurs, 500 gravures sur bois, 1 vol. — Dix-septième siècle. Lettres, Sciences et Arts. France, 1590-1700; 2e édition. *Paris, Didot,* 1882; 17 pl. en couleurs, 500 gravures sur bois, 1 vol. Ensemble 2 vol. in-4, rel. demi-chag. rouge à coins, dos ornés, filets de mors et de plats, tête or, non rog. (coins fatigués, rel. usagées).

9. **Lacroix (Paul)**. Directoire, Consulat et Empire. Mœurs et usages, Lettres, Sciences et Arts. France, 1795-1815. *Paris, Didot,* 1885; in-4, 2e édition, demi-chag. rouge, dos orné, plats toile, plaque de l'éditeur, tr. dorées.

> Ouvrage orné de 12 planches en chromolithographies et de 410 gravures en noir.

10. **Lavisse (Ernest)**. Histoire de France, depuis les origines jusqu'à la Révolution. *Paris, Hachette,* 1908; 13 vol. pet. in-4, br., couv. imp.

> Tomes I à VII inclus. Manque la 2e partie du tome VI.

11. **Martin (Henri)**. Histoire de France depuis les temps les plus reculés jusqu'en 1789, 4e édition. *Paris, Furne, Jouvet et Cie,* 1878; 17 vol. in-8, demi-toile bradel grise, à coins non rog., couv. cons.

> Ouvrage orné de nombreuses gravures sur acier.

12. **Masson (Frédéric)**. L'Impératrice Marie-Louise. *Paris, Manzi, Joyant et Cie*, 1902; fort vol. gr. in-4, cart. pleine toile bradel bleue non rog., couv. et dos cons.

> Édition originale, tirée à mille exemplaires. Ouvrage orné de compositions hors texte et dans le texte en héliogravure.

13. **Orléans (Duc d')**. Récits de campagne publiés par ses fils le Comte de Paris et le Duc de Chartres. *Paris, Calmann-Lévy*, 1892; gr. in-8, demi-toile bradel bleue, non rog., couv. cons.

> Ouvrage illustré de 250 gravures sur bois, d'après Dauzats, Decamps, Lami, Raffet-Vernet, etc.

14. **Reiset (Comte de)**. Modes et usages au temps de Marie-Antoinette. Livre-journal de Mme Eloffe, marchande de modes. *Paris, Didot*, 1885; 2 vol. in-4, demi-chag. rouge à coins, dos ornés, tête dorée, non rog. (rel. usagées).

> Ouvrage illustré de près de 200 gravures, dont 110 grandes planches hors texte, dont 68 coloriées. Légère mouillure aux trois premiers feuillets du tome II.

15. **Seignobos (Charles)**. Scènes et épisodes de l'Histoire Nationale. *Paris, Colin*, 1891; gr. in-4, cart. demi-toile bradel rouge, non rog.

> Ouvrage orné de 60 compositions inédites de Cormon, Luminais, Maignan, Jean-Paul Laurens, Rochegrosse, Grasset, etc., gravées par Méaulle.
> Exemplaire réservé pour M. François Flameng.

16. **Ville Hardouin (Geoffroi de)**. Conquête de Constantinople, avec la continuation de Henri de Valenciennes. Texte original, accompagné d'une traduction, par M. Natalis de Wailly, 3e édition. *Paris, Didot*, 1882; in-4, demi-maroq. rouge à coins, dos orné, filets de mors et de plats, tête dorée, non rog. (coins fatigués, marque de clou au dos).

> Ouvrage orné d'un frontispice en couleurs et d'une carte.

HISTOIRE DE L'ART - GÉNÉRALITÉS

17. Avray-Tipping (H.). English Homes of the early renaissance, Elizabethan and Jacobean houses and gardens. *London et New York*, s. d. ; in-folio, cart., édit. toile bleue, tr. jasp.

> Tome Ier de cet ouvrage orné de plusieurs centaines de reproductions dans le texte et à pleine page.

18. Contet (F.). Les vieux hôtels de Paris. *Paris, Contet*, 1911. Huit séries in-folio en feuilles dans les cart. de l'éditeur.

> Ouvrage contenant 377 pl. hors texte. On y a ajouté les Vieux hôtels de Rouen, des xviie et xviiie siècles, 1909, 56 planches hors texte.

19. Essling (Prince d') et Eugène Muntz. Pétrarque, ses études d'art, son influence sur les artistes, ses portraits et ceux de Laure. L'illustration de ses écrits. *Paris, Gazette des Beaux-Arts*, 1902 ; in-folio, pleine toile bradel verte, non rog., couv. et dos cons.

> Ouvrage accompagné de 21 planches hors texte et de 191 gravures dans le texte. Exemplaire de présent tiré spécialement pour M. F. Flameng.

20 Fierens-Gevaert. Les primitifs flamands. *Bruxelles, Van Oest*, 1908 ; 2 vol. gr. in-4, demi-toile bradel rose, non rog., couv. cons.

> Ouvrage de 129 reproductions hors texte en photogravure.

21. Gusman (Pierre). Pompéi. La ville. Les mœurs. Les arts. Préface de M. Max. Collignon. *Paris, L. Henry May*, s. d. ; gr. in-4, cart. bradel, pleine toile marron, non rog., couv. et dos cons.

> Ouvrage orné de 600 dessins dans le texte et de 32 aquarelles de l'auteur. Envoi autographe de l'auteur à M. L. Flameng.

22. Jacquemin (Raphaël). Histoire générale du costume civil, religieux et militaire du ive au xixe siècle (315-1815). *Paris*, s. d.; in-4, demi-toile bradel verte, à coins, non rog., couv. cons.

> Ouvrage orné de 48 planches en couleurs. Tome Ier seul de cet ouvrage estimé.

23. Jardins. La Gazette illustrée des amateurs de jardins. *Paris, Emile-Paul,* 1915-1922; in-folio, demi-toile bradel bleue, non rog., couv. cons.

> Magnifique publication illustrée de 58 planches hors texte simples et doubles en noir et en couleurs et de reproductions en noir dans le texte.

24. Journal des Dames et des Modes. Texte par Anatole France, Comtesse de Noailles, Henri Lavedan, Maurice Donnay, Fernand Vandérem, Albert Flament, etc. *Paris*, 1912-1914; 79 fascicules reliés en 4 vol. in-8 bradel, plein papier fantaisie, non rog., couv. et dos cons.

> Collection complète renfermant 184 planches coloriées (plus 2 supplémentaires), gravées à l'eau-forte et dessinées par Bakst, Barbier, Bernard, Boutet de Monvel, Brunelleschi, Bussy, Dammy, Drian, Fabius, Fournier, Gose, Legrain, Loëze, etc.

25. Mawson (Thomas-H.). The art and craft of Garden making. *London, Batsford,* 1900; in-4, cart., édit. fers spéciaux.

> Ouvrage orné de nombreuses illustrations à pleine page et dans le texte.

26. Moreau-Vauthier (Ch.). Les portraits de l'enfant. *Paris, Hachette,* s. d.; in-4, demi-toile bradel grenat, tête jasp., non rog., couv. et dos cons.

> Ouvrage orné de 20 planches hors texte en héliogravure et de nombreuses reproductions dans le texte.

27. Richer (Dr Paul). L'art et la médecine. *Paris, Gaultier, Magnier et Cie,* s. d.; in-4, cart. bradel, pleine toile grise, non rog., couv. cons.

> Ouvrage orné de 345 reproductions dans le texte et hors texte.

28. Schliemann (Henri). Tirynthe. Le palais préhistorique des rois de Tirynthe. Préface du professeur Adler. *Paris, Reinwald,* 1885; gr. in-8, cart., édit. fers spéciaux.

> Ouvrage orné d'une carte, 4 plans, 24 planches en chromolithographies et de 188 gravures sur bois.

29. **Studio**. Numéros spéciaux. Vieilles maisons hollandaises. *Paris*, 1913; 1 vol — Art in England. *Paris*, 1908; 1 vol. — Henri Frantz, Gaston Latouche. *Paris*, 1914; 1 vol. Ensemble 3 vol. in-4, br., couv. imp.

> Publications ornées de nombreuses reproductions en noir et en couleurs.

30. **Warthon (Édith)**. Italian Villas and their gardens. *New York, The century Cᵒ*, 1904; gr. in-8, cart., édit. fers spéciaux, tête dorée, non rog.

> Ouvrage orné de 45 planches en noir, en couleurs, d'après Maxfield Parrish et sept figures dans le texte.

OUVRAGES SUR LES ARTISTES FRANÇAIS

51. **Alexandre (Arsène)**. Jean-Dominique Ingres, master of pure draughts manship. *London, Hodder et Stonghton*, 1905; in-folio, cart. toile de l'éditeur.

> Recueil de 24 planches en fac-similé; ouvrage établi par les soins de Walter Shaw Sparrow.

52. — **Basily-Callimaki (Mme de)**. J.-B. Isabey, 1767-1855, suivi du catalogue de l'œuvre gravée par et d'après Isabey. *Paris, Frazier-Sòye*, 1909; in-folio, demi-toile bradel bleue non rog. couv., cons.

> Ouvrage orné de 273 reproductions tirées en héliogravure dans le texte et hors texte.

53. **Bénédite (Léonce)**. Les artistes de tous les temps. Jean-Charles Cazin. *Paris, Librairie de l'Art ancien et moderne*, s. d.; in-4, cart. demi-toile bradel verte non rog., couv. à dos cons.

> Étude extraite de la *Revue de l'Art ancien et moderne*, ill. de 15 planches hors texte et de compositions dans le texte.

54. Clément (Charles). Prudhon, sa vie, ses œuvres et sa correspondance. *Paris, Claye, 1872*; in-8, demi-toile bradel bleue à coins non rog. couv. cons.

Ouvrage orné de 30 planches hors texte. Envoi autographe de l'auteur. Mouillures dans la marge de quelques feuillets.

55. Delacroix (Eugène). Réunion. LETTRES recueillies par Ph. Burty. *Paris, Charpentier, 1880*; 2 vol. in-12, demi-toile bradel havane à coins non rog. couv. cons. — (*Un des trente-quatre exemp. sur papier de Hollande.*) — LETTRES (1815-1863) recueillies par Ph. Burty. *Paris, Quantin, 1875*; in-8, demi-toile bradel à coins non rog. couv. cons. (*On a joint une lettre autographe de Delacroix et une photographie.*) — MAURICE TOURNEUX, Eugène Delacroix. *Paris, Laurens* s. d., in-8, plein eau fauve, portrait pyrogravé de Delacroix sur le premier plat, envoi autographe. (*Ex-libris Aglaüs Bouvenne.*) Ensemble quatre volumes.

56. Forain (J.-L.). Réunion. LES TEMPS DIFFICILES (Panama), 50 dessins. *Paris, Fasquelle, 1893*; in-8, bradel demi-toile non rog. couv. cons. — LA COMÉDIE PARISIENNE, 2ᵉ série, 188 dessins. *Paris, Plon*, s. d.; in-8 bradel demi-toile non rog. couv. cons. (*Un des cent sur Chine.*) — DOUX PAYS, 189 dessins. *Paris, Plon*, s. d.; in-8 bradel demi-toile non rog. couv. cons. (*Un des cent sur Chine.*) Ensemble 5 vol. in-8.

57. Forain (J.-L.). Réunion. ALBUM, préface d'Alphonse Daudet, 50 compositions. *Paris, Simonis-Empis*, s. d. — LA VIE, 29 compositions en couleurs. *Paris, Juven*, s. d. — NOUS, VOUS, EUX, 50 reproductions. *Paris, Publications de la Vie Parisienne*, s. d. — ALBUM FORAIN, avant-propos de Maurice Talmeyr, 54 reproductions. *Paris, Plon*, s. d. (1896). Réunion de 4 volumes in-folio et in-4 demi-toile bradel non rog. couv. cons. Bons tirages.

Lettre autographe de Forain ajoutée 1 page in-12.

58. Goncourt (Ed. et J. de). Gavarni, l'homme et l'œuvre. *Paris, Plon, 1875*; in-8, cart. demi-toile bradel grise à coins non rog. couv. cons.

Ouvrage enrichi d'un portrait de Gavarni gravé à l'eau-forte par Flameng d'après un dessin de l'artiste et d'un fac-similé d'autographe. Envoi manuscrit d'Edmond de Goncourt à M. F. Flameng.

59. Gréard (M. O.). Jean-Louis Meissonnier. Ses souvenirs, ses entretiens, précédés d'une étude sur sa vie et son œuvre. *Paris, Hachette*, 1897; in-4, demi-bradel toile grise tête jasp. non rog. couv. cons.

> Ouvrage illustré de 20 planches hors texte, en noir ou héliogravure, 18 planches en couleurs hors texte et un grand nombre de reproductions dans le texte.

40. Guérin (Marcel). F.-L. Forain, aquafortiste. Catalogue raisonné de l'œuvre gravé de l'artiste. *Paris, Floury*, 1912; 2 vol. in-4, cart. demi-toile bradel verte non rog. couv. cons (*Dos de la reliure tachée.*)

> Ouvrage recherché orné de 1 portrait gravé à l'eau-forte, 125 reproductions la plupart en plusieurs états. Tirage à 300 exemplaires. Envoi autographe de Forain à François Flameng. On a ajouté une lettre autographe de Forain.

41. Hamel (Maurice). Corot et son œuvre. *Paris, Manzi, Joyant et Cie*, 1905; 2 vol. in-folio en feuilles dans les cartons de l'éditeur.

> Tirage unique à 1000 exemplaires sur Hollande. Mouillure dans la marge inférieure du portrait. Manque la planche 75 au tome II.

42. Henriet (Frédéric). C. Daubigny et son œuvre gravé, eaux-fortes et bois inédits. *Paris, A. Lévy*, 1875; in-8, cart. demi-toile bradel verte à coins, tr. jasp. couv. cons.

> Ouvrage orné de 9 planches hors texte qui sont ici placées dans un ordre différent de celui de la table. Envoi autographe de l'éditeur à *M. Flameng*. (Mouillures.)

43. Klumpke (Anna). Rosa Bonheur, sa vie, son œuvre. *Paris, Flammarion*, s. d., 1909; in-4, demi-toile bradel bleue non rog. couv. ill. et dos cons.

> Ouvrage orné de 7 planches hors texte en héliogravure et d'un grand nombre de reproductions dans le texte. Envoi autographe de l'auteur à M. F. Flameng.

44. Lapauze (Henry). La Tour et son œuvre au Musée de Saint-Quentin. *Paris, Manzi, Joyant et Cie*, 1905; 2 vol. grand in-4 en feuilles dans les cart. de l'éditeur.

> Ouvrage orné de 87 planches hors texte.

45. **Lapauze (Henry)**. Ingres, sa vie et son œuvre (1780-1867), d'après des documents inédits. *Paris, Imprimerie Georges Petit*, 1911; fort vol. in-4, demi-toile bradel grise non rog., couv. cons.

> Ouvrage illustré de 400 reproductions dont 10 (dix) en héliogravure. Interversion dans la pagination. Envoi autographe de l'auteur à M. F. Flameng.

46. **Lemoisne (P. André)**. Eugène Lami (1800-1890). *Paris, Manzi, Joyant et Cie*, 1912; in-4, cart. demi-toile bradel bleue non rog., couv. cons.

> Ouvrage orné d'héliogravures en noir et en couleurs dans le texte et hors texte.
> Tirage à 500 exemplaires sur papier de Rives numérotés.

47. **Nolhac (Pierre de)**. J.-H. Fragonard (1752-1806). *Paris, Manzi, Joyant et Cie*, 1906; gr. in-4, demi-toile bradel bleue non rog., couv. cons.

> Ouvrage orné de 62 compositions hors texte et dans le texte en héliogravure dont 3 planches hors texte en couleurs.
> Tiré à 500 exemplaires sur papier de Rives.

48. **Nolhac (Pierre de)**. J.-M Nattier, peintre de la Cour de Louis XV. *Paris, Manzi, Joyant et Cie*, 1905; gr. in-4, demi-chag. Lavall., tête or, non rog., couv. cons.

> Ouvrage orné de 60 compositions hors texte et dans le texte en héliogravure dont quatre en couleurs.
> Tirage à 425 exemplaires.
> Mouillures dans la marge de plusieurs feuillets, tache dans la marge d'une des planches en couleur. Reliure fatiguée et dos frotté.

49. **Péladan (J.)**. Ernest Hébert, son œuvre et son temps d'après sa correspondance intime et des documents inédits. Préface de Jules Claretie. *Paris, Delagrave*, s. d., 1910; in-4 en feuilles dans l'emboîtage de l'éditeur.

> Ouvrage orné de 70 planches hors texte en héliogravure et en héliotypie et de reproductions dans le texte. Un des 155 exemplaires sur papier du Marais.

50. **Philibert de l'Orme**. L'œuvre de Philibert de l'Orme comprenant le Tome Iᵉʳ de l'Architecture et les Nouvelles Inventions pour bien bastir et à petitz frais. *Paris, Librairies et Imprimeries réunies*, 1894; in-folio, cart. demi-toile bradel bleue, non rog. couv.

> Reproduction de cet ouvrage rare.
> Fac-similé par les procédés héliographiques de Motteroz.

51. **Silvestre (Théophile)**. Histoire des artistes vivants français et étrangers. Études d'après nature. Introduction et catalogues par M. L. de Virmond. *Paris, Blanchard*, s. d. ; gr. in-8, demi-toile bradel verte à coins non rog., couv. cons.

> Ouvrage illustré de 11 portraits gravés sur acier.

52. **Portalis (Baron Roger)**. Henri-Pierre Danloux, peintre de portraits et son journal durant l'Émigration, 1753-1809. *Paris, Société des Bibliophiles François*, 1910; in-folio, demi-toile bradel rose, non rog., couv. cons.

> Ouvrage orné de 13 planches hors texte en héliogravure, de 33 planches hors texte en phototypie et de nombreuses phototypies dans le texte. Tirage à 516 exemplaires. Exemplaire sur papier Arches.

53. **Vachon (Marius)**. Detaille. *Paris, Lahure,* 1898; in-4, demi-toile bradel verte, non rog., couv. cons.

> Ouvrage orné de 24 planches hors texte en héliogravure et nombreuses reproductions dans le texte.

54. **Vaillat (Léandre) et Paul Ratouis de Limay**. J.-B. Perronneau (1717-1783), sa vie et son œuvre. *Paris, Gittler*, s. d., 1909; gr. in-4, cart. édit., tête or, non rog.

> Ouvrage orné de 84 héliogravures.

OUVRAGES SUR LES ARTISTES ÉTRANGERS

55. **Armstrong (Sir Walter)**. Gainsborough et sa place dans l'École Anglaise. Trad. de B.-H. Gausseron. *Paris, Hachette*, 1899; in-folio, cart. édit., tête or, non rog.

> Bel ouvrage orné de 62 héliogravures tirées en taille-douce et de 10 lithographies en couleurs.

56. **Amstrong (Sir Walter)**. Sir Joshua Reynolds, premier président de l'Académie Royale de Londres. Trad. par B.-H. Gausseron *Paris, Hachette*, 1901; in-folio, cart. édit., tête dorée, non rog.

> Bel ouvrage orné de 78 photogravures et 6 fac-similés lithographiques en couleur.

57. Armstrong (Sir Walter). Sir Henry Reaburn, avec une introduction par *R.-A.-M. Stevenson* et un catalogue biographique et descriptif par J.-L. Caw. Trad. par B.-H. Gausseron. *Paris, Hachette,* 1902; in-folio, cart. édit., tête dorée, non rog.

> Bel ouvrage orné de 69 reproductions en héliogravure hors texte et dans le texte.

58. Blanc (Charles). L'œuvre de Rembrandt, catalogue raisonné de toutes les estampes du maître et de ses peintures. *Paris, A. Lévy,* 1873; 2 vol. in-folio, demi-toile bradel verte à coins, non rog., couv. cons.

> Ouvrage orné de bois gravés, de 40 eaux-fortes de Flameng et de 35 héliogravures d'Amand Durand.
> Envoi autographe de l'éditeur à M. Flameng.

59. Focillon (Henri). Giovanni-Battista Piranesi, 1720-1778. *Paris, Laurens,* 1918; in-4, br. couv. imp.

> Ouvrage orné de 34 planches hors texte en noir.

60. Gosse (Edmund). British Portrait Painters and engravers of the eighteenth century. Kneller to Reynold, with an introductpry essay and biographical notes. *Paris, Londres, New-York, Berlin, Goupil et C°,* 1906; in-folio, cart. toile bleue à coins, non rog., couv. cons.

> Ouvrage orné de 100 planches hors texte en héliogravure, dont 2 en couleurs.
> Tirage à 400 exemplaires numérotés.

61. Guiffrey (Jules). Les Caffieri, sculpteurs et fondeurs-ciseleurs. Étude sur la statuaire et sur l'art du bronze en France au xviie et au xviiie siècles. *Paris, Morgand et Fatout,* 1877; fort. vol. in-8, demi-toile bradel verte à coins non rog., couv. cons.

> Ouvrage contenant sept gravures à l'eau-forte de Maurice Leloir et plusieurs fac-similés d'autographes.
> Tirage à trois cent onze exemplaires dont cent non mis dans le commerce.

62. Hutton (Edward). The Pageant of Venice. *London à New-York, John Lane,* 1922; in-4. Cart. Edit.

> Ouvrage ill. de 20 planches en couleurs d'après les peintures et les dessins de Frank Branguin, R.-A.

63. **Michel (Émile)**. Les chefs-d'œuvre de Rembrandt. Édition du tri-centenaire. *Paris, Hachette*, s. d. in-folio. demi-bradel toile Lavall. non. rog., couv. cons.

> Ouvrage illustré de 40 planches hors-texte en héliogravure à 30 planches en phototypie noir et sanguine.

64. **Michel (Émile)**. Rembrandt, sa vie, son œuvre et son temps. *Paris, Hachette* 1895, fort. vol. in-4, demi-toile bradel grenat non. rog.

> Ouvrage contenant 84 planches hors texte et un grand nombre de reproduction dans le texte.

65. **Moes (E. W)**. Frans Hals, sa vie et son œuvre. Trad. par F. de Bosschere. *Bruxelles, G. Van oest et Cie*; 1909. in-4. demi-toile bradel brique, non. rog., couv. à dos cons.

> Ouvrage orné de 54 planches hors texte en héliogravure et en photogravure.

66. **Molmenti (Pompéo)**. Tièpolo. La vie et l'œuvre du peintre Ouvrage traduit par H. L. de Pereiro. *Paris, Hachette*; 1911. in-4, cart. demi-toile bradel gris bleu, non. rog., couv. cons.

> Ouvrage illustré d'un portrait en héliogravure et de 400 gravures en noir. Le cartonnage est de condition médiocre.

67. **Müntz (Eugène)**. Léonard de Vinci. L'artiste, le penseur, le savant. *Paris, Hachette*; 1899. in-4. cart. bradel demi toile grise, tête jasp. non. rog., couv. à dos cons.

> Ouvrage orné de 258 reproductions dans le texte, 20 planches en taille-douce et 28 planches en couleur et en noir.

68. **Plon (Eugène)**. Beuvenuto Cellini, orfèvre, médailleur, sculpteur. Recherches sur sa vie, sur son œuvre et sur les pièces qui lui sont attribuées. *Paris, Plon*, 1885, in-folio, demi-toile bradel, bleu uni, rog., couv. cons.

> Ouvrage orné de 82 planches hors texte et des reproductions dans le texte; à la fin du volume se trouve relié un second appendice avec 4 planches hors texte.

69. **Rooses (Max)**. Antoine Van Dyck. *Paris, Hachette*, 1902; in-folio, cart. de l'éditeur.

> Ouvrage orné de cinquante reproductions hors texte en héliogravure.

70. **Singer(D. Hans)**. Drawings of Albrecht Durer. *Londres,
G. Newues*, 1 vol. 46 planches hors texte. AL. BALDRY. Drawings
of Hans Holbein. 48 planches hors texte. *Londres. Newues*,
s. d.; 1 vol. Ensemble 2 vol. in.-4. cart. édit., têtes dorées.

71. **Sparrow(Walter Shaw)**. Prints et drawings by *Frank
Brangwin-London*, et *New-York, John Lane*, 1919; cart. édit.,
tête bleue non. rog.

> Ouvrage orné de 50 reproductions hors texte en couleurs et en
> noir et d'un grand nombre de reproductions en noir dans le texte.

72. **Sutherland Gower, F-S-A. (Lord Ronald)**. Sir
Thomas Lawrence, with a catalogue of the artist's exibited
and engraved wortes compiled by algernon Graves. F-S-A.
Paris, Boussod, Manzi, Joyant et C°. 1900. in-4. demi toile
bradel bleue, non. rog., couv. et dos cons.

> Ouvrage orné de 66 reproductions hors texte et dans le texte
> tirées en héliogravure dont une en couleurs. Tirage à 600 exem-
> plaires; tache au cartonnage et à la marge de trois feuillets.

73. **Yriarte(Charles)**. Mantegna, sa vie, sa naissance, son
tombeau, son œuvre dans les musées et les collections. *Paris,
Rothschild*; 1901. in-4, demi toile bradel bleue non. rog., couv.
cons.

> Ouvrage orné de 55 planches sur cuivre hors texte et 115 illus-
> tration dans le texte.

OUVRAGES

SUR LES GRANDES COLLECTIONS, MUSÉES

GALERIES

74. **Baldry(A.-F.)** The Wallace collection at Hertford. *Paris,
Manzi, Joyant et C°*, 1904; in-4, cart. toile, éditeurs.

> Ouvrage orné de 286 reproductions en noir.

75. Chantilly. Le cabinet des livres antérieurs au milieu du xv1ᵉ siècle. *Paris, Plon*; 1905 1 vol. Le cabinet des livres manuscrits. *Paris, Plon*; 1900, 2 vol. accompagnés de nombreuses planches hors texte en héliogravure. Ensemble trois vol. in-4 demi-toile bradel bleue, non. rog., couv. et dos cons.

76. École Française. Dessins de l'école Française du xv111ᵉ siècle provenant de la collection H... *Pari,s* 1915; in-4, cart. papier genre ancien non. rog.

> Ouvrage orné de 75 reproductions en fac-similé noir et sanguine de dessins de Boucher, Watteau, Fragonard, Greuze, etc. Tirage unique à 400 exemplaires.

77. Geoffroy(Gustave). Les musées d'Europe. Le Louvre. La peinture, 57 ill., hors texte, 114 ill. dans le texte. 1 vol. *Versailles*, 57 ill., hors texte, 108 ill. dans le texte; 1 vol. *Paris, Per-Lamm*, s.d. Ensemble 2 vol. pet. in-4 cart. demi-toile bradel verte à coins, couv. cons.

78. Goloubew(Victor). Quatorze sculptures indiennes de la collection Paul Mallon. *Paris*, s. d.; in-40 en feuilles dans le cart. de l'édit.

> Ouvrage orné de quatorze reproductions en photogravure, remontées sur cristal.

79. Gruyer (F.-A). Chantilly. Notices des peintures. *École Française*, 40 planches en héliogravure. 1 vol. *Écoles étrangères*, 40 planches en héliogravure. 1 vol Ensemble 2 vol. in-4. *Paris, Plon*, 1900; demi-toile bradel bleue non. rog., couv. et dos cons.

80. Gruyer (F.-A). Chantilly. Les portraits de Carmontelle. 40 planches hors texte en héliogravure. *Paris, Plon*. 1902: 1 vol. *Chantilly*. Les quarante Fouquet. 40 planches hors-texte en héliogravure. *Paris, Plon*. 1900. 1 vol. *Étienne Moreau-Nélaton*. Chantilly. Crayons Français du xv1ᵉ siècle. 41 planches hors texte en héliogravure. *Paris, Plon*, 1910: 1 vol. Ensemble trois volumes in 4 rel. demi-toile bradel bleue non. rog., couv. cons.

81. **Guichard (Ed.) et Alfred Darcel**. Les tapisseries décoratives du garde-meuble (mobilier national), choix des plus beaux motifs. *Paris, Baudry*, s. d., in-folio, plein toile jaune, non rog.

> Ouvrage orne de 100 planches hors texte dont 9 en couleurs. Manque la planche 68, mais comporte plusieurs planches non mentionnées à la table.

82. **Guiffrey (Jean) et Pierre Marcel**. Inventaire général des dessins du Musée du Louvre et du Musée de Versailles. École Française. *Paris, Librairie Centrale d'Art et d'Architecture*, 1907-1921 ; 8 vol. rel., plein vélin blanc, dos ornés, tête jasp., non rog., couv. cons.

> Collection du tome I à IX, manque le tome VI. Les huit volumes renferment 4531 reproductions. Éraflûre à la reliure du tome Ier.

83. **Seidel (D[r])**. Exposition d'œuvre de l'art français au XVIIIe siècle. *Berlin, Académie royale des Arts*, 1910 ; in-folio, demi-vélin. Éditeur, non rog.

> Ouvrage orné de 110 reproductions hors texte en héliogravure.

LITTÉRATURE - LIVRES ILLUSTRÉS
DIVERS

84. **Abbey (Ed.-A.)**. Réunion de trois albums. Poèmes de Rob. Herrick. Old Songs. « The Quiet Life », ill. par Ed.-A. Abbey. 5 vol. in-4, reliure de l'éditeur avec emboîtage.

> On y joint un quatrième vol. : Lays of the Scottish cavaliers by William Edmonstonne Aytoun, dans une jolie reliure en maroq. à grain long de l'éditeur.

85. **Chevigné (Comte de)**. Les Contes rémois, 8e édition. *Paris, Librairie de l'Académie des bibliophiles*, 1868 ; in-8, demi-toile bradel Lavallière à coins, non rog., couv. cons.

> Ouvrage orné d'un beau portrait de l'auteur et compositions de E. Meissonier. Envoi manuscrit du comte de Chevigné à M. Flameng.

86. Delvau (Alfred). Histoire anecdotique des cafés et cabarets de Paris. *Paris, Dentu,* 1862; in-12, demi-chag. brun, dos orné, tr. jasp.

> Édition originale ornée de dessins et eaux-fortes de Gustave Courbet, Léopold Flameng et Félicien Rops.

87. Duckett (M.-W.). Dictionnaire de la conversation et de la lecture, 2e édition entièrement refondue, corrigée et augmentée. *Paris, Didot,* 1873; 16 vol. et 4 vol. de supplément, soit 20 vol. gr. in 8, rel. demi-toile bradel verte, non rog., couv. cons.

88. Félibien (Dom M.). Histoire de la ville de Paris reveue, augmentée et mise au jour par D. Guy-Alexis Lobineau. *Paris, Desprez et Jean Desessarts,* 1725; 5 vol. in-folio, rel. plein veau, dos ornés, tr. rouges, rel. anc. usagée.

> Ouvrage orné d'un frontispice, 5 vignettes, plan et 52 planches gravés, la plupart se dépliant.

89. France (Anatole). Thaïs. *Paris, Librairie de la Collection de Dix,* 1900, in-8, cart., pl. toile bradel verte, tête jasp. non rog., couv. et dos conservés.

> Ouvrage orné de compositions de Paul-Albert Laurens, gravures à l'eau-forte de Léon Boisson. *Exempl. sans justification, ni numéro.*

90. Funk-Brentano et André de Lorde. Rosette. *Paris, Pierre Laffite et Cie,* s. d.; in-4, br., couv. ill.

> Ouvrage orné d'illustrations de J.-A. Watteau, peintre du Roy, tirées en sanguine, hors texte et dans le texte.

91. Gibson (C.-D.). A widow and her friends. *New York, Russell,* 1901, in-folio oblong, cart. édit. In vanity fair drawings by Albert B. Wenzell. *New York, Russell,* 1896; in-folio oblong. Ensemble 2 albums, cart. éditeur.

> Ces deux albums sont illustrés page à page de grandes compositions hors texte.

92. Goldsmith (Olivier). She stoops to conquer. Comedy. Introduction by Austin Dobson. *London, Sampson Low,* 1888; in-folio, de l'éditeur rel. pleine peau, fers spéciaux, tr. dorées.

> Ouvrage orné de gravures d'Edwin-A. Abbey, décorations d'Alf. Pearsons.

93. **Havard (Henry)**. La Hollande à vol d'oiseau, eaux-fortes et fusains par Maxime Lalanne, 24 pl. hors texte en héliogravure et une carte. *Paris, Decaux et Quantin,* 1881; 1 vol. — Les Arts à travers les mœurs, ill. par Goutzwiller. *Paris, Decaux et Quantin,* 1882; 1 vol. Ensemble 2 vol. in-4, ornés toile bradel verte à coins, non rog., couv. cons.

94. **Hugo (Victor)**. Notre Dame de Paris, édition nationale. *Paris, Emile Testard et Cie,* 1889; 2 vol. in-4, demi-toile bradel grenat, non rog., couv. cons.

> Ouvrage orné de 10 planches hors texte et de compositions dans le texte, gravées à l'eau-forte par Géry Bichard d'après Luc-Olivier Merson. Exemplaire du tirage spécial tiré à mille avec les gravures hors texte en deux états avec et sans la lettre.

95. **Hugo (Victor)**. Suite de cent dessins de F. Flameng pour illustrer les œuvres complètes de Victor Hugo. Édition définitive, Hetzel-Quantin; in-folio en quatre cartons.

> Suite complète sur Japon des épreuves en eau-forte pure avec les serpentes.

96. **Hugo (Victor)**. Suite de cent dessins de F. Flameng pour illustrer les œuvres complètes de Victor Hugo. Édition définitive Hetzel-Quantin; in-folio en 10 cartons.

> Suite complète sur Japon des épreuves avec remarques, avec les serpentes.

97. **La Fontaine**. Choix de fables. *Tokio. Imp. de Tsoukidji-Tokio,* 1894; 2 vol. in-8, cart. fil. toile verte bradel, non rog., couv. cons.

> Ouvrage illustré de compositions en couleurs par un groupe des meilleurs artistes de Tokio sous la direction de P. Barboutau.

98. **Le Sage**. Histoire de Gil Blas de Santillane, illustrée par Jean Gigoux. — Lazarille de Tormès, traduit par L. Viardot, illustré par Meissonier. *Paris, Dubochet, Le Chevalier et Cie,* 1846; gr. in-8, cart. toile éditeur, fers spéciaux, tr. dorées. (*Cartonnage romantique.*)

> Les compositions de Meissonier sont en premier tirage. Le cartonnage est en très bel état. Rousseurs dans le texte. Inscription à l'encre sur la feuille de garde.

99. **Malan (A.-H.).** Famous homes of Great Britain and their histoires. *New York. G.-P. Putnam's sons*, 1900; gr. in-8, cart. édit., fers spéciaux, tête or, non rog.

> Ouvrage orné d'un grand nombre de reproductions de demeures seigneuriales de la Grande-Bretagne en pleine page et dans le texte.

100. **Maupassant (Guy de).** Pierre et Jean. *Paris, Boussod, Valadon et Cie*, 1888; gr. in-4, demi-toile bradel rouge, pièce non rog., couv. et dos cons.

> Exemplaire sur papier du Japon avec deux suites d'épreuves avant toutes lettres sur Whatman et Japon. Envoi de l'éditeur à Mme *F. Flameng*. Ouvrage orné de 56 compositions par Ernest Duez et Albert Lynch.

101. **Molière (J.-B. Poquelin de).** Théâtre complet publié par D. Jouaust, préface par M. D. Nisard. *Paris, Librairie des Bibliophiles*, 1876-1882. 8 vol. in-8, demi-toile bradel. Lavall. à coins non. rog., couv. cons.

> Ouvrage orné d'un portrait et 31 planches gravées à l'eau-forte par L. Flameng d'après les compositions de F. Leloir. Ex. de collaborateur avec envoi de l'Éditeur et une lettre autographe de F. Leloir ajoutée.

102. **Molière.** Œuvres complètes revues sur les textes originaux par Adolphe Régnier. *Paris, Imprimerie Nationale*, 1878; 5 vol. in-4., cart. demi-toile bradel grenat non. rog., couv. cons.

> Édition publiée à l'occasion de l'Exposition Universelle de 1878, tirée à 600 exemplaires.

103. **Pétrarque (François).** Gothique allemand du xvi⁰ siècle. Miroir des consolations dans le bonheur et le malheur avec une vie de Pétrarque, son testament et une introduction au premier et au second livre. Avec la grâce du privilège impérial. *Imprimerie de Francfort a m. par les héritiers de Christ. Egenoulffes. Anno* 1584; in-4, cart. anc.

> Ouvrage orné de 265 gravures sur bois. Très joli titre imprimé en noir et rouge. L'état général du volume est très bon.

104. **Quévédo (F. de).** Histoire de Pablo de Ségovie. (El gran Tacāno.) Traductions de Germond de Lavigne. *Paris, Bonhoure*, 1882; in-8, demi-toile bradel rouge à coins, non. rog., couv. cons.

> Edition illustrée des nombreuses compositions de Daniel Vierge dans le texte.

105. **Scarron.** Le Roman comique, publié par les soins de
D. Jouaust avec une préface par Paul Bourget. *Paris, Librairie
des Bibliophiles*, 1880; 5 vol. in-8, demi-toile bradel havane à
coins, non. rog., couv. cons.

> Ouvrage orné de 1 portrait et 9 eaux-fortes par Léopold Flameng.
> Envoi autographe de l'Editeur à Monsieur L. FLAMENG.

106. **Sonnets et eaux-fortes.** *Paris, Lemerre*, 1869; in-folio
demi-toile bradel verte à coins, non. rog., couv. cons.

> Ouvrage rare publié par Ph. Burty. Edition tirée à 350 exemplaires
> sur papier de Hollande, planches détruites. Les Sonnets sont
> signés d'Aicard, Banville, Cladel, France, Gautier, Verlaine, etc., et
> les 42 eaux-fortes sont de Edmond Morin, Nanteuil, Doré, Seymour
> Hadey, Flameng, Corot, Daubigny, Manet, Lalaune, etc.. Exem-
> plaire de Monsieur Léopold Flameng.

107. **Vacquerie (Auguste).** Mes premières années de Paris.
Paris, Michel Lévy frères, 1872; in-8 cart. demi-toile bradel
texte non. rog., couv. cons.

> Edition originale avec envoi autographe de l'auteur et une lettre
> autographe ajoutée.

---

108 à 125. **Sous ces numéros**, il sera vendu en lots 300 bons
volumes environ, reliés pour la plupart. Ouvrages d'Histoire.
Littérature. Mémoires. Beaux-Arts. Albums. Catalogues de
ventes. Quelques ouvrages en langue étrangère, etc.